HISTORICAL RECORDS

漫画史记

本纪

千古一帝

洋洋兔　编绘
西汉·司马迁　原著

北京理工大学出版社
BEIJING INSTITUTE OF TECHNOLOGY PRESS

推荐序

國學漫畫

高深的学术著作有其价值，但难以通用。真正有影响力的作品，都是符合时代需求的作品。《漫画史记》是一个适合青少年阅读的系列丛书，好就好在它一方面传承了中华历史，另一方面也符合时代需求。传统文化需要被赋予生命力，《漫画史记》在这点上做得很完美。

——中国连环漫画艺委会副会长 缪印堂

浩如烟海的中国古籍，是一座丰富的文化大宝库。如何让所有中国人，都能分享宝库中的珍宝，是一项艰巨又意义深远的任务。在这方面，《漫画史记》迈出了可喜的一步。它是如此有趣，一幅幅画面、一个个故事，明白晓畅又富含幽默；它又是如此严谨，编创者对古人服饰、钟鼎器皿，都做过精心考证。翻开它，几千年前的历史画面仿佛一下被拉近到眼前，那么亲切，那么鲜活……

——中国美术家协会漫画艺委会秘书长 夏大川

我今年读初一。爸爸给我买过《五千年演义》，说我作为中国人，应该多掌握祖国悠久的历史。但那些文字实在太深奥了……后来妈妈送给我《漫画史记》，效果令人惊奇，我一下子就记住了好多著名的历史故事！而且《漫画史记》读起来生动幽默，一点也不累！下课时同学们都抢着看，但我不给，嘿嘿！

——辽宁建平县实验中学学生 段越

前言

《史记》是中国2000多年前西汉时期的史学名著，由历史学家司马迁所撰写，列“二十四史”之首，是中国古代最著名的典籍之一。

《史记》记载了上自中国上古传说中的黄帝时代，下至汉武帝元狩元年（公元前122年），共3000多年的历史。司马迁以其“究天人之际，通古今之变，成一家之言”的史识，使《史记》成为中国历史上第一部纪传体通史（即以人物事迹为中心，记叙历史的史书）。

《史记》全书包括十二本纪(历代帝王政绩）、三十世家（各诸侯、勋贵等世袭家族的兴亡史）、七十列传（重要人物的言行事迹）、十表（大事年表）、八书（历代制度典章），共130篇，526500余字。

《史记》最初称“太史公书”，“史记”本来是古代史书的通称，从三国时期开始，“史记”由史书的通称逐渐成为“太史公书”的专称。

《史记》既是一部优秀史学著作，其首创的“纪传”体裁，为后来历代正史所继承；同时又是一部文学巅峰之作，以丰富精彩的笔法语言，塑造了众多个性分明、形象鲜活的人物，勾勒出一幕幕波澜壮阔的历史场景。鲁迅先生称赞其为“史家之绝唱，无韵之离骚”。

《史记》博大精深，又是晦涩难懂的古文，对于一般读者来说，可能就不那么容易读懂了。为此，我们绘制了这套《漫画史记》，以轻松幽默的漫画，再现这部千古宏文，让所有读者都能轻松读懂《史记》。

《史记》原作人物众多，头绪纷繁复杂，绘制起来难度高。我们这套书中原创漫画形象多达千人，无不经过主创人员的精心设计，既保持了历史人物的本来神韵，又生动可爱，个性十足。在内容方面，则筛选原作中最华彩的章节故事，再三润色，在理清历史脉络的基础上，力求生动、精彩，做到趣味与深度的完美结合。

当然，由于时间仓促及编辑水平所限，本套书定有不足之处，希望广大读者批评指正。

目录

漫画史记

目录

黄帝者，少典之子，姓公孙，名曰轩辕。生而神灵，弱而能言，幼而徇齐，长而敦敏，成而聪明。轩辕之时，神农氏世衰。诸侯相侵[illegible]而神农氏弗能征。於是轩辕乃[illegible]，诸侯咸来宾从。而蚩尤最[illegible]陵诸侯，诸侯咸归轩辕。[illegible]，蓺五种，抚万民，度四[illegible]与炎帝战於阪泉之野。三[illegible]乱，不用帝命。於是黄帝乃徵[illegible]涿鹿之野，遂禽杀蚩尤。而诸侯咸[illegible]子，代神农氏，是为黄帝。天下有不顺者，黄帝从而征之，平者去之，披山通道，未尝宁居。

国人暴动

周厉王姬胡是周朝的第十个王。当时，由于奴隶主贵族加重剥削，加上不断发动战争，社会矛盾已经比较严重，而周厉王又是个每天只会挖空心思搜刮民财的超级财迷，至此，周朝开始走下坡路了。

周厉王还嫌收上来的赋税不够他挥霍，于是任用奸臣荣夷公，巧立名目，广征赋税。“专利税”就是他出的馊主意。
荣夷公
税
税
税
税
税
大王有令，羊吃草要交税！
哇啊！啊！啊！
福
福
经过努力，天下财富差不多都集中到了周厉王手中，但他还是不满足……
发出噪音，要交噪音污染税。
税
专利税就是，全国的山林、河流、水域都是周王的，百姓耕种要交税，上山打猎、砍柴、捕鱼等等，都要纳税，就连喝水、走路、采药等，也不能例外。
啊？这还让不让人活啊？

眼看国家乌烟瘴气，大臣芮良夫出来劝阻。
是吗？
大王，天下的财富是天下创造的，每个人都享有一份。
芮良夫
谁要想独占天下的财富，天下就要大乱了。
一个人去抢别人的财物，人们会把他当做强盗。您现在拿了全国的财富，百姓会怎么看待您呢？荣夷公那个人只知财利，一副短命相，怎么可以重用呢？
够了！如果你继续说下去，短命的恐怕是你了。
周厉王不听，继续任用荣夷公，加紧了对百姓的盘剥，人民生活在水深火热之中。

那时候，住在野外的农夫叫“野人”，住在都城里的平民叫“国人”。周都镐京的国人不满厉王的暴虐措施，怨声载道。大臣召公虎听到后，连忙劝告周厉王。
百姓忍受不了啦，大王如果不趁早改变做法，出了乱子就不好收拾了！
召公虎
什么？有这种事？本王为了国家的国库积累资金，励精图治，累得半死。这些草民不但不感恩戴德，还到处造谣生事，你放心，本王自有办法！
荣夷公给周厉王找来一个卫国的巫师。
你去监视城里人们的一言一行！
是！
巫师
凡是发表不满言论者统统抓起来治罪！呵呵，今后我看谁还敢乱说话！

你真厉害，我射箭
不如你啊。
都抓走。
我只是在射箭……
什么都没说啊。
我……
你说他厉害，意思就
是说大王也不如他了，
蔑视大王，抓。
闲聊也被抓，到最后熟人见
面都不敢打招呼，只好给对方一
个眼色，就匆匆地走开。这就是
“道路以目”的由来。
嗯，明白！
好！

见没有人议论自己了，周厉王就向召公虎炫耀自己的能耐。召公虎继续劝谏厉王，可是周厉王还是我行我素。
现在你还听得到百姓们的怨言吗？
大王，要防止老百姓对朝政不满的议论，就像防止河水决堤一样。
哦？很有创意的比喻嘛。
人民的嘴就像洪水，光靠堵，是堵不住的。堵到后来，一旦决口，危险会更大！
哼，本王不怕。难不成他们敢造反？
一旦激起众怒，后果会很严重！

周厉王和荣夷公的暴政越来越厉害，三年后（公元前841年），国人忍无可忍，终于举行了一次大规模的暴动。
杀了暴君！
周厉王只得逃出镐京。越过黄河，逃到周朝边境，最终死在了那里。
再见！本王先去避避风头！
国人就要杀进宫来了！太子就交给你了啊。
您要去哪儿？国家都不要了吗？
太子静
太子就在召公虎家！
交出太子！

召公虎无奈，只好用自己的儿子冒充太子送出去，才算把太子保护了下来。
儿子！
唉，一家哭总比一国哭好。
打死他！
此后，国事暂由召公虎和另一个大臣周公（周公旦的后人）共同代理执行，历史上称为“共和执政”。从共和元年（公元前841年）起，中国历史才有了确切的纪年。
十四年后，周厉王在彘地病死。大臣们拥立太子姬静即位，就是周宣王。此后周朝已是外强中干，兴盛不起来啦！
周宣王
召公
周
周公

烽火戏诸侯

早在夏朝末年，有两条神龙降落在夏帝的宫廷，自称褒（ bāo ）国*先君，赖着不走。

★褒国：夏禹时以国为姓分封的13个奴隶主统领下的姒姓部落之一。

匣子历经夏、商到了周朝，一直都没人敢开启。
这里面是仙丹吗？
千万不能打开，以免触犯神灵！
也许是个小矮人。
直到周厉王末年。
周厉王对此事十分好奇，就打开匣子观看。
大王，还是不要打开了吧！
周厉王
做人要大胆。
不巧龙涎从匣子里流淌出来，怎么也除不掉。
哗！
看来只有用民间最厉害的驱魔术了。
大王，擦不掉啊！
好可怕……

周厉王叫宫女们赤裸着，对着龙涎大声叫嚷，想把龙的精气吓走。谁知龙涎突然变成了一只黑色大蜥蜴，溜入后宫。
啊！
噗！
大蜥蜴在跑动中碰到了一个六七岁的小宫女。
呀！这是什么玩意儿！
只听“咚”的一响，大蜥蜴，突然消失。
咦？
咚！
那个小宫女长到十五岁的时候，竟然无故怀孕了。

后来，宫女生下了一个女孩。因为事情发生得太怪异，宫女就把孩子当成怪物抛弃了。一对夫妇正好路过，就收养了这个孩子，带她去了褒国。
呀，好可怜的小孩子！
哇哇！
十四年后，周幽王即位。他是个亲小人，远贤臣的昏君，整天吃喝玩乐，四处搜罗美女寻欢。
褒国国君褒珦（xiàng）劝谏周幽王，却被下了大狱。
褒珦
褒国人买下了一个美女，取名褒姒（sì），献给周幽王，替褒珦赎罪。这个美女就是当初被宫女扔掉的女婴，
褒姒
太漂亮啦！放了褒珦，马上！
周幽王

周幽王一见褒姒，喜欢的不得了。但褒姒虽然貌美绝伦，却从来没笑过。幽王为了博她一笑，想尽了办法……
无聊！
唉！
娘娘您就笑一下吧！
这可怎么办呢？
马上诰令天下：谁能让褒娘娘开怀一笑，赏金一千两！
臣有高招。
哦？
是！
虢石父

从前为了防备西戎侵犯我们的京城，在骊山一带建造了20多座烽火台。万一敌人打进来，就一连串地放起烽火来，让邻近的诸侯瞧见，好出兵来救。
现在天下太平，烽火台早没用了。不如把烽火点着，叫诸侯们上个大当。娘娘见了这些兵马一会儿跑过来，一会儿跑过去，说不定就会笑啊！
哈哈哈！好主意。就这么干！

于是，周幽王派人将烽火点起。附近诸侯见了，纷纷起兵来救。
急
急
急
快，马上集合兵马，前往镐京！
国君，都城救急，好像是西戎来犯。

这么多人马，他们这是在忙什么呢？
他们想来瞻仰一下娘娘的尊容呢。
我真有那么美吗？！
诸侯到达之后，却不见敌寇。
大王，敌寇何在？
没有敌寇，你们回去吧。这是本王和大家开的一个小小的玩笑。哈哈！
齐
什么？上当了？
可恶，我们被骗了！

诸侯们无奈加愤慨，各自带兵回去了。褒姒见状果然哈哈大笑。这就是后人常说的“烽火戏诸侯”。
哈哈！哈哈！
美人儿笑了，嘿嘿！快，重赏虢（guó）石父！
此后，周幽王为讨褒姒开心，又多次点燃烽火。诸侯们渐渐倦怠，赶来的越来越少。
后来，周幽王又一意孤行，把原王后申后和太子废了，立褒姒为王后，立褒姒生的儿子伯服为太子。
太子
申后的父亲是申国的诸侯，对此十分愤慨，就邀约犬戎一起进攻镐京。

犬戎一直想攻打周朝，无奈有申侯阻拦，如今倒好，送上门的肥肉焉能不要？当即就出兵了。
大王，申侯勾结犬戎攻来了！
啊？快点烽火！
诸侯望见，以为又是幽王和褒姒做戏，无人来救。
胡说八道，那是大王在放烟火玩呢。
国君，大王有难。
有援兵到吗？
一个都没有！
镐京的兵马不多，勉强抵挡了一阵，被犬戎兵打得落花流水。
周
周
呜，真是玩火自焚啊！这回玩笑开大了！

最后，犬戎的人马像潮水一样涌进城来，杀了周幽王、虢石父和伯服，抢走了褒姒，把周朝多少年聚敛起来的宝贝财物一抢而空，临走还纵火焚毁了镐京。

诸侯和大臣共立原来的太子姬宜臼（jiù）为王，即周平王。周朝国势衰微，无力抵抗犬戎的侵扰，周平王只好将都城迁至函谷关东边的洛阳，史称东周。此后，周王已无力控制诸侯。一个诸侯混战的年代到来了……
秦
凑热闹的
魏
韩

【周宣王中兴】

周宣王即位后，接受周厉王的教训，任用召穆公、周定公、尹吉甫等贤臣整顿朝政，使已经衰落的周朝一时复兴。在《诗经·大雅·烝民》里，对他的评价为“任贤使能，周室中兴焉”。

周宣王的主要功业，是他讨伐了侵扰周朝的戎、狄和淮夷。周宣王四年（前824年），以秦仲为大夫攻西戎，兵败被杀。周宣王五年，周宣王与尹吉甫一起讨伐猃狁（即西戎）。尹吉甫在征伐猃狁战争中起了重要作用，率师直攻至太原，迫使猃狁向西北退走。

对于侵犯汉江地区的淮夷，周宣王命召穆公及卿士南仲、大师皇父、大司马程伯休父等率军讨伐，沿淮水东行，使当地大小方国中最强大的徐国服从。周宣王十八年，南仲派驹父、高父前往淮夷地域，各方国都迎接王命，并进献贡物。在这一时期，周宣王还曾命方叔率师征伐荆蛮（即楚国）。

为了巩固对南土的统治，周宣王将其舅申伯徙封于谢（今河南南阳）。周宣王二十二年，还效仿西周早年分封，把他的弟弟友封到郑。

不过，周宣王中兴为时短暂。到了周宣王晚年，国势又走下坡路了。晚年的周宣王渐渐固执己见，听不进去不同政见。为了显示自己的权威，他在鲁国选立继承人的时候，根据自己的喜好废长立幼。鲁人不服，他就兴兵讨伐，使鲁国陷于混乱。周宣王此举不仅破坏了周朝的嫡长子继承制度，也引起了同姓诸侯间的不睦，使得诸侯们对他更加不满。对诸侯尚且如此，他对在朝为官的臣下就更加放肆，甚至滥杀大臣。

周宣王连年对外征战，非但没有解决奴隶与奴隶主之间的矛盾，反而耗费了大量人力、物力、财力。虽然使西周的疆域扩大不少，但是也消耗了西周的实力，从一定程度上加速了西周的灭亡。

漫画史记

秦本纪

秦人的祖先

秦人的祖先是颛顼大帝的孙女，名叫女修。一天，她看到一只燕子掉落一颗蛋。就把蛋捡起来吃了，却因此怀孕生下一个儿子，起名为大业。

后来，大费又协助舜帝驯养禽兽，被赐姓“嬴”。
嬴
真乖!
到了夏朝末年，大费的后裔费昌，为商汤驾车，灭夏建商，立了大功。嬴氏子孙在商朝开始显贵起来。
夏
费昌
商汤

商末，嬴氏的飞廉、恶来父子都是纣王的宠臣，飞廉是飞毛腿……
哇，好快！
飞廉
呼！
纣王
千斤鼎
恶来是大力士。
恶来
哇，儿子也厉害！
当周武王伐纣，灭了商朝的时候，射死了恶来。飞廉出逃，嬴氏一族从此中落。
周
周武王
啊！
后来的嬴氏子孙有的依旧为帝王驾车，有的则流落到偏远的边疆……

周朝时，周穆王得到神驹，驾车西游，乐而忘返。徐偃王（周朝的诸侯）趁机作乱……
徐
徐偃王
嬴氏子孙里有个名叫造父的人，为周穆王驾车，日行千里，赶回周朝平定了叛乱，因而得到了重赏。
造父驾车有功，赐赵城！
造父
赵

此后，嬴氏有个叫非子的人为朝廷牧马有功，被封在秦地，从此称为秦嬴。
秦
秦地处西部边陲，常受西戎（西方少数民族）侵扰。
杀啊！
周宣王时，给了秦嬴七千士兵，命他们讨伐西戎。经过多次激战，秦嬴终于打败了西戎。
秦
撤！秦嬴太厉害了！
你们秦嬴守边有功。
夺回的土地都赐给你们，并加封为西陲大夫。
周宣王

到了西周末年，西戎大举入侵，攻破周都。秦襄公率兵奋力营救周王室，又武装护送周平王迁都，因此被封为诸侯。
秦襄公
西戎太凶恶了，屡屡侵犯我朝，并且夺取了我朝岐山、丰水一带大片肥沃的土地。秦国如果能够打败并驱逐戎人，那这片土地就归属你们了！
大王尽管东迁，臣一定会为您守住西部边陲。
从此，秦有了诸侯国的名分。
秦国后来逐渐强大起来，最终统一中国，建立了中国历史上第一个中央集权制的封建大帝国。
秦

五张羊皮

秦穆公（嬴任好）是秦国第九位君主，在位长达三十九年。期间，他善用贤才，励精图治，使秦国称霸诸侯。

那也别浪费，把他当做媵（ying）人（陪嫁的奴隶）送到秦国去！
结果，半路上百里奚趁人不备逃了。秦穆公婚后，检查礼单时……
哦？怎么有个奴仆半路上逃了？
公孙枝
逃走的这个奴仆叫百里奚，非常有谋略。
他上通天文，下懂地理，是治国的栋梁之才。
哦？
秦穆公胸怀大志，正在积极地网罗人才，就命人四处寻找百里奚。
国君，百里奚逃到楚国，被当成奸细流放到南海放马！
快，准备重金，赎回百里奚。

国君，万万不可！
楚国让百里奚放马，是因为不知他是个大贤才。如果您用重金去换他，不就等于告诉楚王，您想重用百里奚吗？那楚王还肯放他走吗？
你有何良策？
应该按照现在一般奴仆的价钱，花五张羊皮把他赎回来。
于是，秦穆公派使者带着五张黑色公羊皮前去拜访楚成王，索要百里奚。
一个老奴隶，有什么好？难道是武林高手？
楚成王
秦国使臣

我家主公想杀鸡儆猴，给其他奴隶一个警示。请允许我用五张羊皮将他赎回。
百里奚
好，反正是捡到的奴隶，还能换五张羊皮，赚大了。
嗖一啪！
还不如死了好呢！我只值五张臭羊皮啊！
楚成王想都没想，就让人把百里奚装上囚车，交给秦国使者带回去。
先生今年高寿？
老朽今年有七十岁了。
可惜啊，年纪太大了。

主公，如果您让臣去捉麻雀，打老虎，臣确实太老了……
但如果和您一起商讨国家大事，臣比八十岁才遇到周文王的姜子牙还小十岁呢。
哦？
寡人想让秦国超过其他的国家，您有什么办法吗？
秦国虽在边陲，但地势险要，兵马强悍，进可攻，退可守，我们要充分利用自己有利的条件，乘机而进。
真是人才，险些为他人所用！
两人谈了三天，秦穆公对百里奚大加赞赏，让他治理国家（授之国政），封为五羖（gǔ，黑色的公羊）大夫。

后来，百里奚又推荐了贤人蹇（jiǎn）叔。
主公，臣有个朋友叫蹇叔，他的才能远远胜过臣。请主公封他为上卿吧。
以前好像没听过这个名字……
秦穆公派人请来了蹇叔，发现他果然是个有远见的人才。
蹇叔
嗯，先生真是高瞻远瞩啊！
于是，秦穆公拜蹇叔为右相，拜百里奚为左相。在他们的辅佐下，秦国日渐繁荣昌盛。

秦晋争霸

春秋时期，秦晋为两大强国，常常暗中较劲。

做了国君的夷吾却拒绝兑现承诺。
主公，秦国派人来向您索取当初承诺割让的八座城了！
丕郑父
哦？有这回事吗？
先王的土地怎能随便给人？
作为国君不能言而无信啊，我觉得应该给。
就是、就是！

别说了，要不就给他们一两座城意思一下算了。
给了得罪人，不给也是得罪人，还不如不给。
那就干脆不给，写封信解释一下好了！
可恶！
啪！
夷吾居然言而无信！

夷吾不讲信用，请主公出兵讨伐他！
秦穆公
丕豹
啪啪！
几年以后，晋国大旱，夷吾派人来秦国求粮。
晋
不可，夷吾能当上国君，说明百姓还拥戴他。
国君，粮食不能给！
这是天赐良机，我们正好借机灭掉晋国。

百里奚
夷吾虽然得罪了秦国，但是晋国百姓却是无辜的。
蹇叔
灾荒和丰收本是交替出现的事，晋荒秦救，秦荒则晋救，不能不给。
嗯，我们不能乘人之危。
最后，秦国运送大批粮食给晋国救灾。晋国百姓吃到救命粮，无不感激秦国的恩德。
【运粮的白帆从秦都到晋都，八百里路途首尾相连，络绎不绝，史称“泛舟之役”，是中国第一次有记载的大型漕运。】
秦
求救
两年后，秦国也发生了饥荒，派人向晋国求救。

主公，趁此良机攻打秦国，一定大获全胜。
哈哈，和寡人想的一样！
晋国背信弃义，出兵攻打秦国。
进攻！
晋
进攻！
秦宫
晋国的粮食到了？
是晋国的大军到了！

哇呀呀！这个忘恩负义的夷吾……
秦穆公拜丕豹为将，发兵迎敌。秦晋两军在韩地进行了一场大会战。
晋
还击！
还击！
杀啊！
晋君夷吾
晋君夷吾求胜心切，甩下主力部队独自往前冲。

谁知回来的时候，夷吾的战车陷入深泥里，动弹不得。
扑通！
秦穆公
快，活捉那家伙！
杀啊！
秦
秦军无法破敌，即将败北。
岂料，此时晋军从后包抄，反将秦穆公包围。

主公，快！跟我冲出去！
不！看来已经没希望了，让寡人和大家同生共死吧！
苍天哪，寡人每次都选上好的牛肉来祭祀你……
你为何还要亡寡人啊？
杀呀！
就说祭祀的事情马虎不得，真有老天相助啊！

突然出现的援兵神勇无比，打退了晋军。他们不但解救了秦穆公，还将晋惠公擒获。
呀，他们居然不按招式打，尽出阴招！
晋
放了我吧！
哼，你也有今天？

秦军军营
多谢神兵救寡人于水火。
我们不是神兵……
是您曾经对我们有恩……
在几年前，秦穆公丢失了一匹宝马，被300名野人捕获并吃掉。
报……
什么事情慌慌张张的?
国君，离这里不远的穷村子，昨晚举行了“马肉篝火晚会”。
那又怎么样?
吃的就是您丢失的宝马。

什么？
抓，全给寡人抓起来问罪！
嗖——啪
国君，我们是饿疯了，才想着偷马吃，请饶了我们吧！
这帮人胆子太大了，杀了他们抵命！
哇！
你们居然饿得这么惨？
哇！

寡人这一生爱马如命，但并不代表寡人爱宝马超过爱百姓……
唉！
放了他们！
国君对我们太好了！
寡人听说吃了马肉不喝酒伤身，来人，赐给他们酒喝！
国君真是大好人！
心痛死了啊！呜呜……寡人的宝马！

后来，这些人听说秦军反击晋军，就要求跟着去。在作战时，他们看见穆公处境危险，都不避刀枪，争先死战，来报答往日穆公的恩德。
杀啊！为了报恩！

秦穆公把俘虏的晋君夷吾带回秦国。
哼，这就是报应！寡人要把你烧烤了祭祀神明。

不要啊，寡人不想死。

在周天子和秦穆公夫人（夷吾姐姐）的劝说下，秦穆公最终放了夷吾。
秦
多谢姐夫不杀之恩。
夷吾回国后，割让河西土地给秦国。秦国领土因此往东扩张，直到黄河边。因此，秦国成为继晋国之后，北方最有实力的强国。

崤山大战

公元前628年，晋文公和郑国国君几乎同时去世。秦穆公想趁机向东拓展版图。

秦穆公询问元老百里奚和蹇叔的意见。
哈哈，光是想想就热血沸腾哇！
寡人想偷袭郑国，你们意下如何？
百里奚
蹇叔
不成。大军跑千里外去攻打人家，这能叫偷袭吗？
走漏了风声，中途被人黑了就惨了。
请国君放弃这个计划。
是吗？
你们说不打就不打，寡人岂不是太没面子了！
集合人马，准备出征！
啊？

这一次，一向英明、仁义的秦穆公却没有听从老臣的建议。他派百里奚的儿子孟明视和蹇叔的儿子西乞术、白乙丙为将军，率军前去偷袭郑国。
儿郎们，今天你们为国出征……
【孟明视：名视，字孟明】【西乞术：名术，字西乞。白乙丙：名丙，字白乙】
可惜即将客死他乡……
你们这两个老东西，竟敢来破坏气氛！
国君，别失了身份。
儿啊，你们途经晋国，晋国人一定会在崤（xiáo）山伏击你们，崤山有二峰，南峰葬着夏天子，北峰周文王避过雨……
孟明视
死在那里也值了……
我这就回去准备，等着为你们收尸……

出发！
秦
秦兵路过滑国的时候，遇到了准备去周地做买卖的郑国商人弦高。
秦
秦
秦
这是哪里来的军队？
是秦军。听说他们是要去打我们郑国！
弦高
什么？郑国灭亡，我的家人不也完蛋了吗？
你赶快回去向国君报信！
是！

弦高假装郑国的使者，前去拜见孟明视。
我是郑国使者！
啊？郑国使者？
怎么看都像牛贩子。
我们国君听说贵军队路过，特地派我送上四张熟牛皮，12头牛劳军！
哈哈哈，让贵国破费了。
其实……我们是来讨伐滑国的，不会打扰贵国啦！
秦
秦
谢将军，我这就回去复命。

糟糕，我们的行踪暴露了。
郑国已有准备，恐怕攻不下来。
秦
秦
西乞术
白乙丙
这样回去没法交代啊，要不……
于是秦军就近把滑国给灭了，想着回去多少有个交代。
滑国
秦
秦
秦
消息很快传到了晋国。
晋襄公
可恶，秦国居然在寡人服丧期间，动兵灭寡人的邻国！太不把寡人放在眼里了！马上出兵伏击他们！
于是，晋国在崤山伏击了回师的秦军。

峡谷险峻，
如果有伏兵
就惨了……
晋
晋
秦
杀啊！
被老爸说中
了，这下死
定了！
山谷两头
都有晋军，
我们出不
去了！
结果，毫无防备的秦军被打得全军覆没。三个主将都成为了晋国的俘虏。

晋襄公的后母文嬴是秦穆公的女儿，出面为秦将求情。
文嬴
秦国和晋国本是亲戚，一向彼此照应。要是杀了这三人，恐怕两国就要彻底反目为仇了。
败军之将一定会受到国君的严惩。不如放了他们，让秦君去治他们的罪吧！
嗯，母亲大人说得有理！
于是晋国放了孟明视等三人。
这都是寡人的错，悔不该不听百里奚、蹇叔的意见，才导致你们兵败受辱。
你们一定要振作起来，以后一雪耻辱！
秦穆公穿着白色丧服前去迎接他们，主动承担了战败的全部责任。
机智爱国的弦高回到郑国以后，因为救国有功，被郑君封为大夫。
哈哈！

大人，郑君说以后全国的牛都归咱们管了。
三年后，准备充分的秦军出击晋国，发誓要一雪前耻。
秦
秦
秦
给我烧掉所有的船只！
杀！
秦
秦
杀！
打不赢晋国，我们就不回去了！

结果秦军大胜，一举夺回了上次丢掉的两个城，还攻下了晋国几座大城。
秦
秦
将军，晋军被打得不敢出战了。
哈哈！终于为崤山之战报了仇。
古人做事多与长者商议，所以不容易失败。寡人不听蹇叔、百里奚的劝告，才造成如此严重的后果。后人一定要牢记教训啊！
秦
秦
西部小国和西戎部落听说秦国打败了中原霸主晋国，都争先恐后地向秦国纳贡。秦国的实力逐渐增强，秦穆公也成了“春秋五霸”之一。

诱降由余

由余的祖先是晋国人，因避内乱逃到了西戎，因此由余能够说一口流利的晋国方言。由余才智过人，被西戎首领任用。西戎首领听说秦穆公治国有方，就派由余出使秦国学习经验。

你居然对这些稀世珍宝不屑一顾，真是与众不同。
秦穆公
这些宫室积蓄，如果是让鬼神营造，那么就使鬼神劳累了；如果是让百姓营造的，那么也使百姓受苦了。
中原各国用诗书、礼乐、法律来治国，还不时出现动乱。现在戎族没有这些，用什么来治理国家？会不会遇到困难？
这些正是中原各国发生动乱的根源。自黄帝创造了礼乐法度，并亲自带头贯彻执行，也只是实现了小的太平。
到了后来，君主越来越骄奢淫逸，依仗酷刑来震慑臣民。臣民受到压迫，就怨恨君主，要求实行仁义。上下互相憎恨，篡（cuàn）夺屠杀，甚至灭绝家族，都是由于礼乐法度这些东西导致的啊！

而戎族却不是这样。在上位者怀着淳厚的仁德来对待下面的臣民；臣民满怀忠信来侍奉君上。处理整个国家的政事就像一个人支配自己的身体一样自然随意，根本就不需要刻意找寻什么治理方法——这才真正是圣人治理的国家啊。
我们靠的是仁德，上下一心。
有道理！
由余的见解让秦穆公很受震动。退朝后，内史王廖出了一个留下由余的计谋。
邻国有由余这样有见识的大臣，将来必定对秦国不利。寡人该怎么办好呢？
王廖
主公，您不妨送给西戎首领歌妓舞女，使他腐化堕落、不思进取。同时，提出让由余延期返戎的要求，以此来疏远他们君臣之间的关系。
歌妓？好，就把这些精神毒药给他们首领来一点尝尝。

时间一长，他们的首领一定会怀疑由余。君臣之间有了隔阂，就可以渐渐得到由余的心了。再说他们的首领迷上美色和音乐，没有心思处理国事，对我们也不会构成威胁了。
好。
于是，秦穆公不让由余回去，经常宴请他，借机向他套取戎地的地形和兵力的情报，又派内史王廖送给西戎首领许多歌妓。
寡人已经帮你向首领请了假。你就安心在这里住下吧。
你对我这么好是不是有什么目的？
西戎的军事地图先借给寡人看看吧。
太直接了吧？
寡人给你们首领送去很多美女，他会让你告诉我的。

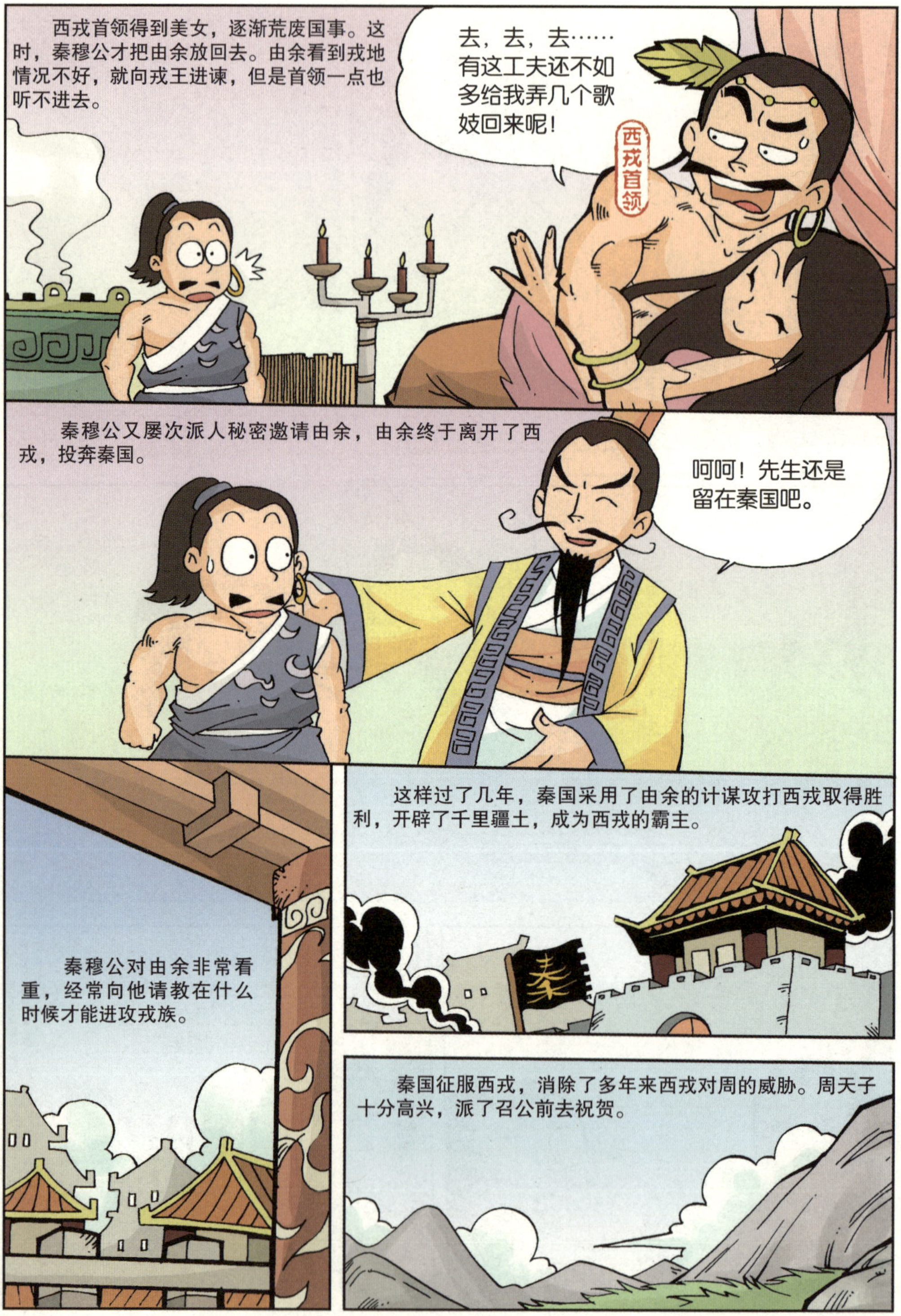
西戎首领得到美女，逐渐荒废国事。这时，秦穆公才把由余放回去。由余看到戎地情况不好，就向戎王进谏，但是首领一点也听不进去。
去，去，去……有这工夫还不如多给我弄几个歌妓回来呢！
西戎首领
秦穆公又屡次派人秘密邀请由余，由余终于离开了西戎，投奔秦国。
呵呵！先生还是留在秦国吧。
秦穆公对由余非常看重，经常向他请教在什么时候才能进攻戎族。
这样过了几年，秦国采用了由余的计谋攻打西戎取得胜利，开辟了千里疆土，成为西戎的霸主。
秦
秦国征服西戎，消除了多年来西戎对周的威胁。周天子十分高兴，派了召公前去祝贺。

孝公中兴

公元前361年，年仅二十一岁的秦孝公嬴渠梁即位，他一生中做过两件大事：迁都咸阳和任用商鞅变法。
旁白人员
不关我事啊！
秦孝公
两件？寡人从早忙到晚，就做了两件大事？这么说也太没良心了！

当时，秦国不为各国重视，连权力被架空的周天子都不愿意搭理秦国。
知道吗？那个麻子脸魏王派庞涓攻击我大秦，想阻止我们向中原靠近，真是太卑鄙了。
是啊，那个庞涓太厉害了，连我们的国都栎阳也被他攻破。国君出于无奈才把都城迁到雍都。
唉！
咳，咳！想我大秦先祖穆公时期，国力强盛，诸侯宾服。

可是穆公以后，厉公、躁公、简公、出子时期历次内乱，大大损耗了我秦国国力。原本臣服的西戎小国纷纷脱离了我们的控制；魏国夺走了河西的土地；连衰微的周王室也不拿我们当回事了。
出兵灭了那些不听话的小国！
先打魏国！
先打戎族，夺回我们的土地！
这样吧，从雍都选派将领带兵反击东部的魏军，从栎阳选派将领带兵出击秦国西部的翟貆（huán）。
当时，秦国有两大政治集团，来自栎阳的地主集团，雍都本地的奴隶主集团，双方水火不容。对于眼前这种紧张的局势，秦孝公采取了转移矛盾的办法。
主公英明！
同意！

主公，兵家可是忌讳两线作战啊！
哈哈，放心吧，他们都会战胜而归。
这两派实力相当，都想得到寡人的支持，必定会死命征战，一心求胜。
两派都不愿打败仗，使自己在与对方的竞争中处于劣势。结果秦国在东西两个战场都取得了胜利。
秦
西线军团灭亡了翟獂，占有了翟獂的大片土地。
我们一定要打败翟獂。不然，一是对不起国君，二是这辈子都别在雍都那帮混蛋面前抬起头来了。

东线军团击退了魏军，一直向东打到函谷关以东的陕城。
让栎阳那帮混球看看，我们是怎么打败魏军的。
不久，秦孝公下求贤令。求贤令发布后，应者云集雍都。
谁能提出让秦国强大的办法，大王将授予高官，并赐给封地。
你是干什么的？
耍猴的。
耍猴能够强国吗？
能……我能一顿吃十碗粟米饭。
唉！
给我找个凉快地方待着去！
我真的能……
啪！

在众多的应试者中，秦孝公看中了景监举荐的卫鞅（就是后来的商鞅）。
人才啊，人才。
卫鞅
公元前356年，孝公任命卫鞅为左庶长，下变法令。
新法施行几年来，秦国就已道不拾遗，山无盗贼，家家富裕。人民遵纪守法，社会安定。
这都是主公领导得好！
马屁精！
公元前350年，秦孝公进行第二次变法，并把都城迁到了咸阳。
迁都

卫鞅又提出立郡县、开阡陌、征赋税三条措施。
立郡县，就是把小的乡镇集合起来成为一个大县，设置一个县令。中央一有命令，很容易到达地方。开阡陌，就是把以前政府的大批土地分割成小块，让农民们耕种。这样他们生产的积极性就提高了。征赋税，让耕种政府土地的农民缴纳赋税，充实国库。
公元前338年，秦孝公派卫鞅攻打魏国。秦军大胜，俘虏了魏公子卬。卫鞅因此被封为列侯，他的封地为商地，故而后人称他为商鞅。
秦
魏
公元前340年，秦魏两国再战于岸门。秦大胜，魏国大将魏错被俘。
秦
公元前338年，秦孝公患不治之症而亡，时年43岁。虽然他执政时间不长，但是他的一系列改革措施使得秦国日益强大，为日后秦国统一六国奠定了扎实的基础。
秦

漫画史记

秦始皇本纪

奇货可居

秦始皇名政，是秦庄襄王（子楚）的儿子。当初，秦国曾与赵国结盟，子楚（当时名叫异人）作为人质被抵押在赵国。

哈哈，投资这笔生意，才是一本万利呢！
于是，吕不韦去拜访公子异人。
驿 馆
我想光大您的门庭，让公子能够拥有天下。
呵呵，您是在开玩笑吧？我看您还是先光大自己的门庭，然后再来光大我的门庭吧！
您有所不知，我的门庭是待您的门庭光大后才能实现光大啊！
是吗？
公子虽然眼前困难，未必以后也这样。不知公子想不想当秦王呢？
我有二十多个兄弟，想当也轮不到我啊！

您父亲安国君身为太子，最宠爱华阳夫人。华阳夫人一直没有儿子。我让华阳夫人认您做儿子，这样您的前途就一片光明了。
!
您对我太好了，事成之后，我愿意与您平分秦国。
吕不韦不惜倾家荡产，一边资助异人结交显贵，一边购得奇珍异宝前往秦国，设法拜见华阳夫人。
华阳夫人
夫人，这是公子异人在赵国为您物色的宝玉。
太棒了！异人真是个好孩子。
夫人受安国君恩宠，可曾想过将来有一天年老色衰……

唉，生不出儿子，我能有什么办法呢？
夫人，异人老实厚道。您何不收他为子，将来也好有个依靠呀！
是呀，我还要让他当王位继承人。
因为华阳夫人来自楚国，吕不韦还让异人改名为子楚来讨好她。在华阳夫人的劝说下，安国君立子楚为王位继承人。从此，子楚开始显贵起来。
吕不韦有个宠爱的侍妾赵姬，能歌善舞，在一次家宴上被子楚看中……
赵姬
子楚

呵呵，这是我最宠爱的赵姬，快，见过公子……
真是国色天香，请吕兄把她赐给我吧……
什么？你……
你未免也太贪心了……
我真的是很喜欢……
唉，如果这个时候翻脸，那先前的一切努力都白费了。
公子不用客气，想要就带走吧！
真的吗？我太高兴了！
其实，吕不韦隐藏了一个天大的秘密……

大人，我已经有了你的骨肉，都两个月大了，怎么办？
怕什么？到时候就说是早产好了。
后来，赵姬生下了一个男孩，起名为政，即是后来的秦始皇。
吕兄，你看这孩子像不像我？
明明是像我……
像！
公元前257年，秦、赵关系恶化，秦国重兵围困赵都邯郸。
赵
赵
秦
秦
秦
秦
秦
秦
秦
秦
秦

情况危急之下，赵国国君打算杀死秦国质子，作为报复。
公子快逃，我已经重金贿赂了守城官员！
你的妻儿我来照顾！
快跑吧。
你对我太好了！
你死了，我的投资就前功尽弃了。
不要放箭，我是秦国公子！
子楚安然逃回秦国。不久安国君即位，子楚又当上了太子。
公元前249年，子楚即位，就是秦庄襄王。

子楚在位仅三年就去世了。公元前246年，刚满13岁的嬴政登上了秦王宝座。因为秦王年幼，相国吕不韦独揽大权，积极招募各国人才，使秦国的实力得到进一步扩张。此时的秦国空前强大，已经离统一天下不远了。

嫪毐叛乱

旧情复燃

秦王嬴政即位后，不到三十岁的赵姬被尊为太后。赵姬不耐寂寞，暗中恢复了和吕不韦的关系。

嫪毐
太后，这是微臣送您的礼物！
真帅……
按照当时的规矩，男子进宫工作，必须成为宦官。于是吕不韦与太后重金贿赂了主持宫刑的官员，让嫪毐扮成假宦官混进宫去。
你知道该怎么做了？
太后放心，只要拔光他的胡子就行了！
哎呀！混蛋，谁在拔我的眉毛？
赵姬对嫪毐喜爱至极，与他形影不离。
哈哈！哈哈！

封嫪毐长信侯！
赐山阳土地。
赐河西太原郡为封国。
侯
嫪毐得到了非常丰厚的赏赐。
太后凡事都由嫪毐决定，嫪毐势力越来越大了，人也越来越嚣张起来。
闪开闪开，我是当今大王的老爹！
这是谁？把大王都不放眼里！
嬴政对嫪毐早已不满，嫪毐对此也是心知肚明。随着时间的推移，两人的矛盾也越来越深。
大王，嫪毐今日口出狂言，侮辱您！
可恶！早晚收拾他！

秦王政九年（公元前238年），有人告发了嫪毐的不法行为。
大王，有一个惊人的内幕，您一定要挺住……
说！
揭发信
嫪毐没有经过宫刑就进了宫！
什么？
他们生了两个儿子，藏在宫外！
还有吗？
他与太后私通，胡作非为……
还有吗？

他们预谋在您死后，让他们的儿子继承王位，掌管秦国。
嫪毐是吕不韦介绍进宫的，也是他和太后弄虚作假买通主持宫刑的官员。
太无耻了！你要彻查嫪毐！
嘭！
是！
公元前238年，嫪毐见事迹败露，就趁嬴政进行成年加冠仪式那天，发动了政变。
先下手为强！
杀啊！

大王，不好了！嫪毐盗用秦王的大印和太后的印玺调动京城部队和侍卫、官骑、戎狄族首领、家臣，向蕲（qí）年宫这边攻过来了！
可恶！
嬴政临危不乱，迅速派兵平乱。
哼！叛贼必亡！
相国昌平君、昌文君听命！
是！
你们火速统领咸阳士卒平息叛乱，凡有战功的均拜爵厚赏，宦官参战的也拜爵一级。
遵命！

两军在咸阳城中激战，最终叛军被打得落花流水。

抵挡不住了，撤！
大王有令：活捉嫪毐的人，赏钱一百万！杀死嫪毐的人，赏钱五十万！
结果，嫪毐及其死党全部被抓获、处死。受牵连被判极刑的中央官吏就有二十多人。
这回真的被你害死了！
嬴政并没有就此停止打击政敌，他要揪出所有与此事有关的人。
将嫪毐五马分尸，诛灭三族。
还有吕不韦，把他也杀掉！
把太后逐出咸阳，本王不想再看到她！

大王，别人也就算了。相国对秦国有大功，不能杀啊！
那就把他赶出咸阳，贬回封地！
后来，在游士茅焦的劝说下，嬴政接回了太后。
大王，秦国正以夺取天下为目标。而现在大王流放了母后，极大地败坏了您的国际声誉，天下人再没有人向往秦国了，我认为您这样做是十分危险的！
茅焦
是啊，太后毕竟是本王的母亲啊！接太后回咸阳。
大王圣明！
太后被软禁在萯（fù）阳宫，最后郁郁寡欢而死。吕不韦见大势已去，怕连累家人，也服毒自尽了。

一统天下

秦王嬴政平定了内乱以后，开始着手进行统一天下的宏图大业。多年来，六国的联盟导致秦国东扩进程缓慢。
嬴政
于是，秦王广招天下人才，为东扩铺路。
招贤
但是，其中也混进了不少间谍。
韩国与秦国接壤，秦国的日益扩张使韩国担惊受怕，于是……
韩王
你要想办法混进秦国……
是!
郑国

韩国派出一个叫做郑国的水利专家游说秦王大兴水利，修建工程浩大的郑国渠，想以此消耗秦国国力，拖垮秦国。
这个专家似乎有点怪！
兴建水渠，灌溉农田，可以使秦国成为天下粮仓！
好，就由你来负责修建水渠！
就在郑国渠快要完工时，这个阴谋暴露了。
大王……不好了……
什么事如此慌张？
经查，郑国是韩国间谍，目的是来消耗我国国力，阻挡我国统一天下的进程！

看，我说外国人靠不住嘛！
就是，他们和我们不是一条心，都是为他们本国打算！
请大王务必清除间谍，把客卿统统赶走啊！
嗯！
秦王于是发布“逐客令”，大规模地驱逐在秦国为官的别国人。
哗！
哗！
大王有令：限外国人在一个月内离开秦国！
地域歧视！
抗议！
在被驱逐的人中，有个楚国来的客卿叫李斯，是著名儒家学派代表荀况的学生。
李斯
这样离开太窝囊了，我要上书秦王！

从前秦穆公用了百里奚、蹇叔，当了霸主；秦孝公用了商鞅，变法图强；惠文王用了张仪，拆散了六国联盟；昭襄王有了范雎，提高了朝廷的威望，这些为秦国立过大功的人才都不是秦国人。现在大王把外来的人才都赶走，岂不是帮助敌国增加实力吗？
嗯，说得有道理！
来人，立刻废除逐客令，重赏李斯。
秦王废除了“逐客令”，并从此重用了李斯。
这时，魏国人缭来到了秦国，献上了拆散六国联盟的计策。
希望大王不要吝啬钱财，重金贿赂各国权贵大臣。
哦？
缭
诸侯的权臣一接秦国的礼金，说话就得想着秦国。利用他们来打乱诸侯的计划，六国联盟必定不攻自破。
计策倒是不错，那要花费多少钱财？
不多，只要30万！

30万金，这……
可能又是一个大骗子。
啊？这还不多？
拿下六国，获利又何止30万？
先生可有把握？
六国虽说是联盟，但各自都在打自己的小算盘，此举可让他们彼此更加疏远，至少不会相互帮忙。
很好，就照先生的办法做。
于是秦王任用缭为秦国尉（秦国最高军事长官），所以后来人们称他尉缭。
从此以后，六国人才纷纷为秦效力，秦王采用李斯和尉缭的计谋，开始逐渐瓦解六国联盟。

★内史腾：名字叫腾的内史。内史是秦国掌管京城的最高长官。

公元前229年，秦国趁赵国发生大地震、大灾荒的机会攻赵。一年后，秦军进入邯郸，赵王献出地图投降，赵国灭亡。
公元前225年，秦将王贲引黄河水淹魏都大梁，魏王投降，魏国灭亡。
公元前223年，秦将王翦领兵六十万攻楚国，楚王负伤被俘，楚国灭亡。
公元前227年时，燕太子丹曾派荆轲刺杀秦王，失败。秦国借此机会出兵，于公元前226年攻下燕都蓟（jì）城。燕王喜被迫迁都辽东。公元前222年，秦攻占辽东，俘虏燕王喜，燕国灭亡。
赵
魏
燕
公元前221年，秦将王贲南下伐齐，几乎没遇到什么抵抗，占领齐都临淄。齐王建投降，齐国灭亡。

秦王嬴政39岁时（公元前221年），秦国灭掉六国，统一了天下。
哈哈！
大王万岁！
秦
他第一件急着想做的事，就是给自己确定一个新称号。春秋战国时各国诸侯都被称为“君”或“王”。嬴政认为过去的这些称号都不足以彰显自己现在的功绩……
当初韩王纳地献玺，愿作我大秦戍边之臣。后自毁诺言，联合赵、魏，叛我大秦。因此寡人兴兵征讨，一举灭韩。
赵王的相国李牧来签订合约，寡人就归还了赵国质子。可是不久他们却违背盟约，在太原举兵叛乱。寡人不得已派兵讨伐，俘获了赵王。赵公子嘉谋逆，自立为代王，所以派兵将他消灭。
魏王起初已约定归服于秦，不久却与韩国、赵国合谋袭击秦国，秦国派兵前去讨伐，终于打败了他们。楚王献出青阳以西的地盘求和，不久也背弃誓约，袭击我南郡，所以派兵去讨伐，俘获了楚王，平定了楚地。

燕王昏乱糊涂，他的太子丹竟然派荆轲来行刺寡人。秦国官兵前去讨伐，灭掉了他的国家。
齐王采用后胜的计策，断绝了与秦国的使臣来往，想要作乱。秦国官兵前去讨伐，俘虏了齐国国王，平定了齐地。
如今天下一统，都属于大秦。寡人要是不改变名号，怎能彰显这伟大的成就？大家认为寡人应该用一个什么样的称号啊？
以前五帝时，土地纵横虽然广大，但天子并不能全部控制。现在您兴正义之师平定天下，这是前所未有的。五帝都比不上您啊！
丞相王绾
御史大夫冯劫
您是真正的天下之主啊。

古代有天皇、地皇、泰皇，泰皇最尊贵。我们觉得大王可称为“泰皇”。发教令称为“制书”，下命令称为“诏书”，天子可自称为“朕”。
李斯
嗯，去掉“泰”字，留下“皇”字，采用上古“帝”的位号，称为“皇帝”其他就按你们议论的办吧。
那死后如何来称呼?
一般来说，死后根据生前品行事迹给予谥号。儿子议论父亲，臣子议论君主，大逆不道。从今以后，废除谥法。寡人就叫始皇帝，可以二世、三世直传到万世。
皇上真是见解独到。
秦始皇是历史上第一个称皇帝的人。他将正式场合的衣服、旗帜的装饰，都改成黑色。
秦
秦始皇采用法家的思想来治理天下，行事刚毅严厉，一切事情都依法律决定，不讲仁爱、恩惠、和善、情义。法令极为严酷，犯了法的人久久不能得到宽赦。

秦始皇又采纳李斯的建议，加强了中央集权，把全国分成36个郡，郡县主要官吏由中央直接任免。
大王，诸侯刚刚被打败，燕、齐、楚地处偏远，请封立各位皇子为王，镇守边疆。
大家觉得这个主意怎么样？
以前，周武王把国土分封给众多子弟和同姓亲属……
可是等到把国土传承给他们的后代以后，却互相攻击。以周天子的权威也不能阻止。
现在天下靠您的神威重新获得了统一。如果像以前一样再封诸侯王，那一切都和原来一样，到时天下会再次大乱。您还不如将天下划分为郡县，由皇帝直接统治。那些皇子和功臣，就用公家的税赋来供养和赏赐，这样就容易控制了。只有把权力集中到皇帝一人手中，这才是使天下安定的好办法啊。
嗯，李斯说得对，废除分封制，改行郡县制。

之后他又统一了法令和度量衡标准；统一了钱币；统一车轨的宽度；简化统一了文字。
法
修筑了纵横全国的驰道。
又把天下多余的兵器，都集中到咸阳销毁，熔化之后铸成大钟和12个巨大的铜人，放置在宫廷里。
还派将军蒙恬夺取河套地区，修筑起万里长城，以此来克制北方匈奴人的进攻。
秦始皇做完这一切后，感到咸阳不够繁华、热闹，就将国内的12万户富豪迁移至咸阳，以便随时监视他们。人们虽然不满，却也不敢反抗。秦始皇的势力此时达到了顶峰。

始皇东巡

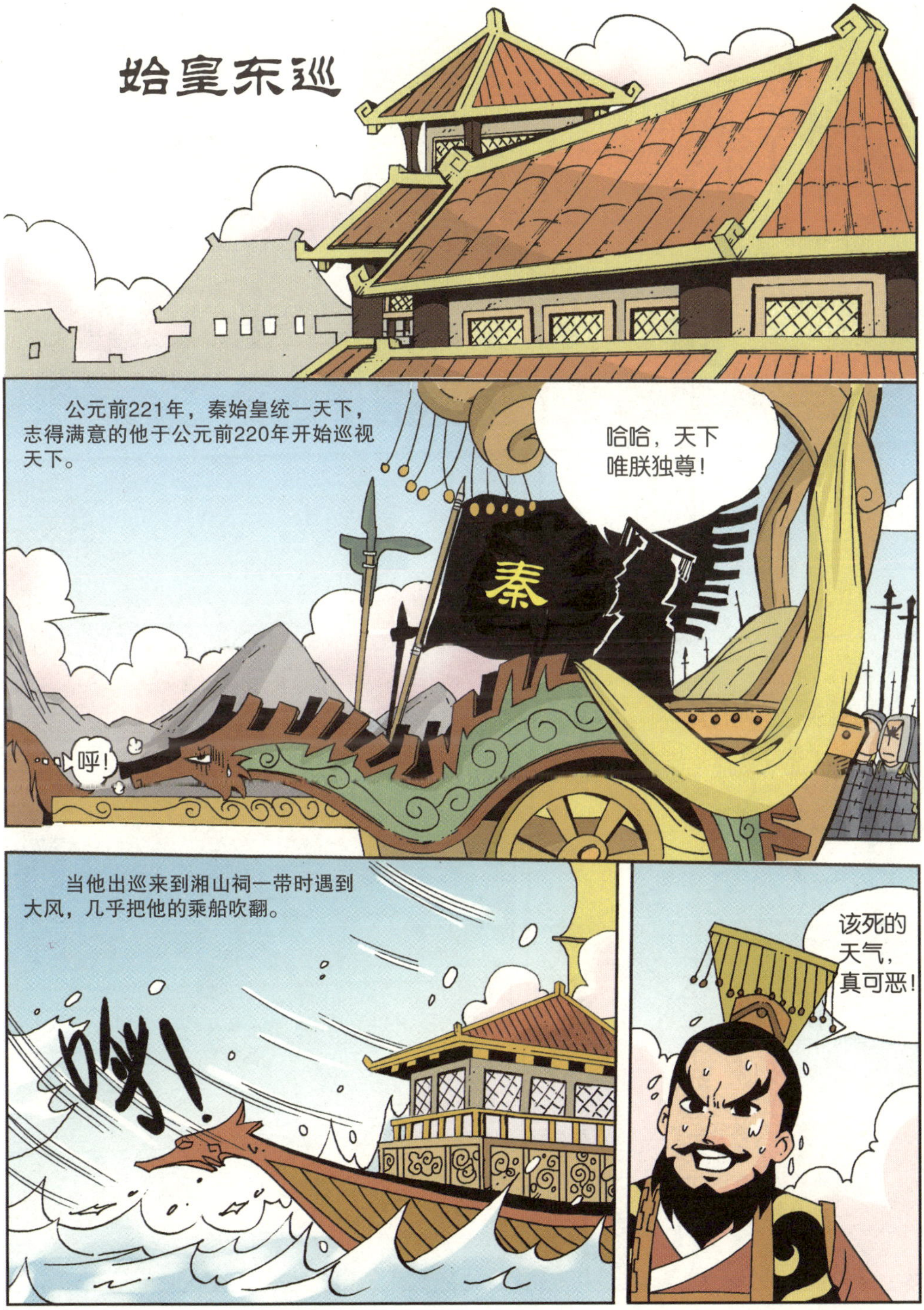
公元前221年，秦始皇统一天下，志得满意的他于公元前220年开始巡视天下。
哈哈，天下唯朕独尊！
秦
呼！
当他出巡来到湘山祠一带时遇到大风，几乎把他的乘船吹翻。
咻！
该死的天气，真可恶！

这湘山祠里供奉的是什么神?
湘山祠
据说是尧的女儿、舜的妻子，就是娥皇和女英了。
哼！这样的小神也敢和朕作对！
派3000刑徒过来，把这湘山上的树全部砍光！
是……
秦始皇砍光了湘山上的树，因为当地是红土，湘山也就变成了红色的秃山。

秦始皇的出巡时常与危险相伴。公元前218年，秦始皇巡游到博浪沙这个地方时，遭到张良（汉朝开国元勋）和一名大力士的行刺。
秦
算他命大，快逃！
真可惜。随从车辆太多，砸偏了。
唉！
张良
这次刺杀极大地破坏了秦始皇巡游的兴致，最后怏怏而归。
站住，你们这些恐怖分子！

公元前216年12月，秦始皇在咸阳便装出行，在兰池遇上了强盗。
打劫！
幸亏有随行武士在，秦始皇才没有吃亏。之后，他下令在关中大规模搜查了20天。
不长眼的小贼，打劫也不看对象！
因为感觉天下初定，四方不安，又觉得人寿有尽。秦始皇一方面派人去寻找长生不老药，另一方面用严酷的刑法来治理国家。
哼，这是什么治安？给朕加大刑法！
皇上，还是找点不老仙丹吃吃吧！
那些毛贼，逮一个杀一个就安宁了！
方士
后来，秦始皇死在了第五次出巡的路上。

焚书坑儒

公元前213年，强大的秦军取得了对匈奴作战的胜利。秦始皇非常高兴，就在咸阳宫宴请文武百官，以示庆祝。70位博士*纷纷上前敬酒，献祝酒词。

★博士：秦汉官名，主管教授。
★仆射：秦朝首设，相当于副丞相，主管军事。

* 田常：齐国左丞相，公元前481年杀右丞相监止和齐简公，立简公弟骜为平公，自任相国，扩大封地，尽诛公族中强者，自此田氏专国政。
* 晋国六卿：即范氏、中行氏、知氏、赵氏、韩氏、魏氏，都是齐国权贵，经过兼并和内斗，最终将晋国瓜分。

这些学者怀疑陛下的政策，是在扰乱民心呀！
当今天下统一，一切都要听命于至尊皇帝一人。可是地方私学却私下非议陛下的法令，以致人们一听说有命令下达，就根据自己所学加以议论。这些人一心求取名利，用异端邪说抬高自己，在平民中间散播混乱。
如果不禁止这种事情，君主的威严就会下降，大臣中间就会形成朋党。
请让史官把除秦史外的典籍全部焚毁。除博士官署所掌管的书籍之外，天下所收藏的《诗》、《书》、诸子百家著作，全都送到地方官府烧掉。
以后有敢在一块儿谈议《诗》《书》的处以死刑，借古非今的满门抄斩！
咚！
命令下达30天仍不烧书的，处以脸上刺字的黥刑，发配到边疆。只留下医药、占卜、农书。如果有人想要了解法令，就到官吏处学习。

秦始皇很赞同李斯的说法，第二天就下达了“焚书令”，将天下的私家藏书典籍都收集起来，放火焚烧。
呜……呜！

公元前212年，秦始皇下令在渭水南岸的上林苑内修建豪华无比的阿房（páng）宫，仅前殿就可以容纳10 000人。同时投入更多劳工修建骊山陵墓。拥有一切的秦始皇又梦想长生不老，就召集方士求取仙药。其中侯生、卢生这两个方士就很得秦始皇的信任。

等了这么久，朕怎么还没有见到神仙？
陛下，我们遇到了不可抗拒的困难。
卢生
什么困难？
宫中有恶鬼，神仙不愿意来。
神仙是什么样子？
神仙真人入水不会沾湿，入火不会烧伤，能够乘驾云气遨游，寿命像天地一样长久。
那仙草和长生不老药要怎样才能得到呢？
陛下应该避开人世，追求清静恬淡。不能让他人猜透自己的行踪和心思，这样或许能够得到不死药。
从此，秦始皇不再称自己为“朕”，改叫“真人”。并令将咸阳附近的宫殿、天桥、甬道相互连接起来，把帷帐、钟鼓和美人都安置在里边，造成迷宫的格局。
好，那我就叫“真人”吧。

有一次，皇帝驾临梁山宫，从山上望见丞相的随从车马众多，就表示了不满之意。有人把这件事告诉了丞相，丞相随即减少了车马数量。
秦始皇得知后勃然大怒，彻查泄密之人。没人承认，他就下令杀掉当时所有随从。从此再无人知晓皇帝行踪。
秦始皇的厉行暴政，引起了许多方士的不满。第二年，侯生、卢生在咸阳集市大发一通议论后，带着从秦始皇那里骗来的财宝逃跑了。
顷刻间，几十人就被杀掉了。
太可怕了，始皇帝的心太狠了。
侯生
始皇帝天性粗暴凶狠，自以为是。他出身高贵，统一天下后为所欲为，认为从古到今没有人比得上他。

是啊，皇帝特别重用治狱的官吏，狱吏们都被他亲近和宠幸。博士虽然也有70人，但只不过是虚设充数的人员。丞相和大臣们都只是接受皇帝已经决定的命令，全无主见。皇帝喜欢用重刑、杀戮显示威严，官员们都怕获罪，只想保住禄位，所以没有人真正竭诚尽忠。
始皇帝听不到自己的过错，因而一天比一天更骄横。臣子们担心获罪，昧着良心屈从讨好。秦法规定，方士的方术如果不灵验，就要被处死。
他的手段太残忍了。天下的事无论大小都由他一人决定。他甚至用秤来称量各种书写文件的竹简木简的重量，日夜都有定额。阅读达不到定额就不肯去休息。像这样一个贪图权势的暴君，我们怎能让他长生不老，遗祸苍生呢?

那我们该
怎么办？
还是逃跑最
简单快捷。
嗖
这件事一传开，又加上先前的焚书事件，广大儒生对秦始皇更加不满了。他们在私下里咒骂秦始皇，使秦始皇异常震怒。
陛下，侯生、
卢生逃跑啦！
还在集市上
发表了反对
您的演说。
可恶！
先前查收全天下无用之书，把它们烧掉。又征召大批博学之士和有各种技艺的方术之士，想用他们振兴大秦。
这些人花费的钱财数以万计，最终也没找到奇药。听到的，只有他们非法牟利互相告发的消息。

卢生等人求不到灵药，就试图推卸责任，将过错都推到朕身上。这些人在咸阳集市上妖言惑众，扰乱民心，真是忘恩负义。
彻底调查这些方士儒生，看看有哪些人在造谣惑众！
秦始皇派狱吏去抓捕发表过不满言论的人。经过拷打盘问，许多人互相告发，抓到的儒生和方士有460多人。
是不是你说秦始皇不得好死？
我家隔壁书生每天都在唠叨。
是他说的！
冤枉啊！
冤枉！
抓走，都抓走！

事情办得如何？
能抓的都抓了。
把他们全埋了。
救命啊！
我不想死啊！
我再也不多嘴了！
父皇，天下刚刚平定，远方百姓还没有归附。现在一律用重法制裁他们，儿臣担心天下将会不安定，希望父皇明察。
公子扶苏
哼，啰啰嗦嗦。你还是去北方监督蒙恬的军队吧！
最后，秦始皇把抓获的方士、儒生全部活埋。这就是焚书坑儒的来历。

沙丘的阴谋

公元前210年10月，秦始皇最后一次出巡天下。左丞相李斯、幼子胡亥、宦官赵高一起跟随他巡游。

结果，这封信被赵高私自扣下了。
嘿嘿！
不久，50岁的秦始皇在沙丘平台（今河北）逝世。
秦
丞相，陛下驾崩了。
啊？这可怎么办？
别慌，消息传出，有人乘机作乱就糟了，所以……
嗯，封锁消息！
你们两个陪在车上，要守口如瓶，否则……
是！
是！
于是，赵高与李斯严密封锁秦始皇去世的消息，将尸体放在既密闭又能通风的辒（wēn）车中，让过去受秦始皇宠幸的宦官做陪乘。每走到适当的地方，就献上饭食。百官像平常一样奏事。
秦
秦

陛下要吃饭了！
陛下要多下来走动一下。
大胆，陛下的事情要你做主？
时值夏天，尸体开始腐烂。赵高令人在车上装上一筐咸鱼，来掩盖尸臭。同时伴随着一个惊天大阴谋……
好臭啊！陛下的爱好真是匪夷所思。
是啊！
赵高过去曾经做过胡亥的老师，关系十分亲密。
皇帝诏书、印玺都在我手中，我打算让你继承皇位！
那扶苏和蒙恬造反怎么办？
伪造一份诏书，除掉他们好了。

赵高又找到另一个关键人物李斯。
先帝的意思是立扶苏为帝。不过，诏书和玉玺都在我这里。现在立谁，只在我们一句话！
你这个乱臣贼子，这根本不是我们做臣子的该议论的事！
您觉得公子扶苏最信任谁？
当然是和他一起修筑长城、抵御匈奴的大将蒙恬了。
丞相，您想想，论能力、功劳、谋略您比蒙恬如何？
我不如他。
扶苏即位，无疑要用蒙恬当丞相。到时候您会落得什么下场呢？怕是隐退的机会都不会给您了！
这……
于是李斯与赵高联合起来伪造秦始皇遗旨，令扶苏和蒙恬自杀，将皇位传给胡亥。

君让臣死，臣不得不死！
公子！
扶苏
蒙恬
任务完成！

直到秦始皇尸体运回咸阳，朝廷才向全国发布公告。胡亥在赵高和李斯的一手操纵下登上了帝位，就是二世皇帝。9月，把秦始皇安葬在骊山。
秦二世

在嬴政刚即位秦王时，骊山陵墓就已经开始营建。到他统一天下后，又征来70多万劳役来修墓。

墓有三重泉水那么深，灌注铜水，坚固无比。里面放了大量的珍宝。又命令工匠制造机关，以防有人盗墓。
墓室里还注满水银，象征江河湖海；墓顶镶着夜明珠，象征日月星辰；墓里用娃娃鱼油燃灯，以求长明不灭。
秦二世把那些没有给秦始皇生育子女的后宫妃嫔全部放入墓中殉葬。
下葬完毕，把修筑墓地的工匠也全部封闭在里边，无人逃出。
封
墓上栽种草木，从外边看上去好像一座山。秦始皇就此长眠地下。

二世暴政

公元前209年，胡亥登上帝位，因为赵高是胡亥的老师，加上又是他扶持胡亥做了二世皇帝，所以胡亥对他言听计从。他任命赵高为郎中令*，执掌朝廷大权。

* 郎中令：九卿之一，掌守卫宫殿门户的官员。

好，那皇上
也出游吧。
秦
同时，秦二世按照赵高的建议，借助巡游的机会，大肆杀戮皇子和功臣。
大臣在朕面前耀武扬威，各位皇子看样子也要跟朕争权哪。
陛下英明！这些话臣本来就想说却没敢说。
侍奉先帝的那些大臣，一个个功勋卓著。而为臣赵高出身卑贱，幸蒙陛下抬举才身居高位。大臣们对这样的安排并不满意，表面虽然赞成，实际上心里不服。
是啊，他们表面一套背后一套，如何是好？
如今时势不同了，文治无用，全靠武力。陛下可早下决断，用武力斩除骚乱，让那些奸臣来不及反应。
陛下可以借着出巡的机会查办郡县守尉中有罪的人，把他们杀掉。这样既可以使陛下的威名遍传天下，又可以除掉陛下一向不满意的人。

*将闾：秦始皇之子，胡亥的兄弟，胡亥登基后以莫须有的罪名被杀。

在宫廷里，我遵循宫廷的礼节。在朝廷里，我遵循为官的礼节。在陛下面前，我连话也没说错过。怎么说我不尽臣道呢？我到底有什么罪？
废话少说，我只是奉命行事。
苍天啊！大地啊！我冤啊！
秦二世的残暴，让百姓震惊。皇族和大臣们为保住禄位和性命，也只能屈从讨好。
在赵高的唆使下，秦二世耗费更多财力物力来营造阿房宫，又横征暴敛搜刮财富和宝物供自己挥霍。

*谒者：春秋时设置，秦汉沿袭，为国君掌管传达之事。

* 少府：九卿之一，掌管山海地泽收入和皇室手工业制造。

秦二世又令章邯向北渡过黄河，到巨鹿攻打起义的诸侯赵歇等人。
天
赵高自知积怨甚多，怕大臣们集体弹劾（hé）他，就设法隔断二世与外界的联系。
陛下正年轻，刚登皇位，怎么能跟公卿在朝廷上议决大事呢？您万一出了错误，还不被天下人耻笑？
那怎么办？
天子称“朕”，朕有征兆的意思，就是不让别人听到你的声音。
这样别人就听不到我说话了。
于是二世经常居住在深宫之内，只跟赵高一个人决定各种事情，从这以后公卿很少有机会朝见皇上。
这时，各地起义的人更多了，关中军队不断被征发到东边去攻打起义军。

右丞相冯去疾、左丞相李斯、将军冯劫进谏，结果被下狱治罪。
现在关东盗贼纷起，朝廷派大军讨伐，死了很多人，却不能平息。
冯去疾
是啊，这样下去不是办法。
李斯
现在盗贼这么多，是因为赋税和徭役太重造成的啊！不如暂停阿房宫的修建，减少戍边兵役和运输徭役。
冯劫
尧舜用瓦片盛粗糙的食物吃，比看门人都不如；大禹治水奔波在外，小腿的毛都被磨没了。这样的君王当得太窝囊了。当皇帝，就应该尽情享受。
您怎么能这么说呢？
修建阿房宫是先帝的主意。先帝刚去世，你们就要求停建，对得起先帝吗？都到监狱里反省吧！
冯去疾和冯劫不愿在监狱里受辱，自杀了断。后来赵高做了丞相，设计把李斯也杀了。
将相不能受此侮辱！

秦朝灭亡

几天没上朝，都成动物园了。
秦二世
赵高
赵高权势日益扩大，便产生了谋反的念头。他怕群臣不肯，就带了一只鹿到朝堂上，以此来试探他们的态度。
陛下，您看这匹马是多么的健壮啊！
丞相错了。这是一只鹿，你看它头上有角。
陛下，这确实是一匹马。
不信您问问各位大臣啊！

是马！
是马！
是鹿！
是马！
是马！
是马！
我真的是鹿啊！
啊，太医快来看看，是不是朕的脑袋出毛病了？
然后，赵高暗中陷害那些说是鹿的大臣，排除异己。从此，大小官员对他无不畏惧。
在章邯率领的秦国主力大军被吸引在河北之际，由刘邦率领的起义军部队成功攻克武关，进入了秦地。
刘

面对如此严峻的形势，赵高害怕秦二世怪罪自己，就谎称生病不去上朝。
请假条
秦二世得知起义军日益逼近咸阳，非常生气，就派人责问赵高。
丞相是拿来盛饭的桶吗？天下越来越乱，用不了多久贼兵就进咸阳了！
皇上的意思是说，如果你灭不掉贼，他就要灭掉你。
赵高恐惧不安，就和女婿咸阳令阎乐、弟弟赵成密谋除掉秦二世。
看样子秦国要完蛋了！现在情况非常紧急。
这和我们有什么关系呀？
是啊，何必闲操心。
赵成
阎乐
关键是那小子说是我们把他的江山弄完蛋的。
啊！
这样一来，我们全都会被他灭了。现如今只有废掉这个昏君，另立一个天子，才能保住性命。
好，先下手为强。

★ 卫令仆射：掌管宫廷守卫的官员。

狡辩！
有人造反！快来人啦！
哗！
来人，快去看看谁这么大胆！
皇上，我脚抽筋了走不动。
哎哟，我突然中风啦。
你们都心知肚明，为什么不早告诉朕！
为臣不说才得以保命。如果说了，早被您杀了！

胡亥！你骄横放纵、滥杀无辜。如今天下人都恨你，你的末日到了！
等……我可以见丞相吗？
不行！
我让出皇位来，做个王行吗？
哼！不行！
那我就做个万户侯吧！
万户侯？我还想做呢！
让我带着妻子儿女离开这里，做普通百姓吧！
我奉丞相之命来诛杀你这个昏君。你除了死，已经没有别的选择了！
我恨哪！赵高真是个无情无义的混蛋！

阎乐将秦二世自杀的事报告了赵高，赵高就召来了所有的大臣和公子，向他们通报这个消息。
秦国本来只是个诸侯国。现在六国已各自立了王，秦国地盘占着个空名称皇帝非常不合适。应像过去一样称王。
于是，赵高立秦二世兄长的儿子子婴为秦王。按照平民的礼仪把二世埋葬在杜南宜春苑中。让子婴斋戒，到宗庙去祭拜祖先，接受国王印玺。
子婴
斋戒五天后，子婴跟他的两个儿子商议……
赵高让我到宗庙里去祭拜祖先，这分明是想趁机杀掉我啊！
他不是想让您做王吗？
是啊。
他在望夷宫杀了秦二世，怕大臣们杀他，才假装按照道义立我为王。
那赵高是想……

听说这个奸贼已与楚国约定，灭掉秦宗室后,由他在关中称王。
啊, 这可怎么办?
我们必须把他除掉!
对，我就推说生病不能前往。等他过来探视的时候，把他抓起来杀掉!
赵高多次派人去请子婴登基，子婴千般借口不去。赵高等不及，果然亲自前来。
哈哈，已经等你多时了。
像登基这样的大事，大王怎么能不去呢?
啊
于是,子婴在斋宫杀了赵高，并灭其三族。

子婴才做了46天秦王，刘邦的军队就打到了咸阳东边的灞上。软弱的子婴交出了印玺，秦至此灭亡。
轵道亭
将军仁德！我愿归降。
刘邦
刘邦兵不血刃进了咸阳。他严明军纪，封了秦国的宫室府库，回师驻扎在灞上。
刘
过了一个多月，各路诸侯的盟主项羽赶到。他下令杀死子婴和秦宗室所有的人，随后纵兵在咸阳大屠杀，焚烧秦国宫室。秦宫里抄出来的珍宝财物，则被他和各路诸侯私分。

项羽自封西楚霸王，主持划分天下，把原来秦国的地盘分成三份，分封给秦朝降臣，号称三秦。秦朝灭亡，五年后，天下一统于汉。
西楚霸王
项羽
秦的灭亡，主要是由于秦始皇骄傲自满，自以为是，一错到底而不知悔改。到了秦二世时，变本加厉，因为苛政而失去天下人心。
秦
议论朝政者死！
后来的子婴孤立无援，大势已去，个性软弱又没有可以依靠的能臣。这三位君主都是昏君，秦朝还能不灭亡吗？世上虽然有深谋远虑的人，但是秦朝的禁忌法规繁多，忠言还没说完，就会先惹来杀身之祸。所以天下能人志士即使有兴邦定国的点子，也只能保持沉默。

君主如果听不到正确的意见，处理事情难免失误。在秦朝，忠臣不敢进言，志士不敢献策，到了天下大乱，深宫的君主却还一无所知，这难道不可悲吗？后来，汉朝的君主吸取了秦灭亡的教训，设置了公卿、大夫和士，各司其职，天下因而得到好的治理。
秦朝在强盛的时候采取重法严刑。天下人屈从于暴力威胁而守法，却并不是对王朝真心拥戴；等到王朝走向衰弱，受到压迫的百姓就开始蠢动，一起来反对它——这就是秦朝灭亡的主要原因。
周朝的制度因为合乎天下人心，所以能传国1000多年。秦朝因为背弃民意，所以才如同昙花一现。这样看来，使一个国家安定团结的原因在于国家推行怎样的制度。优秀的君主治理国家，会先考察过去的历史作为借鉴，来了解兴盛衰亡的规律，做到取舍有序，变化适时，这样国家才能历时长久，达到长治久安。

图书在版编目（CIP）数据

漫画史记.千古一帝/洋洋兔编绘.—北京:北京理工大学出版社,2012.3（2016.6重印）
（漫画中国）
ISBN978-7-5640-5670-4

Ⅰ.①漫…Ⅱ.①洋…Ⅲ.①儿童故事：历史故事－作品集－中国－当代Ⅳ.①I287.5

中国版本图书馆CIP数据核字（2012）第032157号

出版发行 / 北京理工大学出版社
社　　址 / 北京市海淀区中关村南大街5号
邮　　编 / 100081
电　　话 / (010)68914775（总编室）　82562903（教材售后服务热线）
68948351（其他图书服务热线）
网　　址 / http://www.bitpress.com.cn
经　　销 / 全国各地新华书店
印　　刷 / 北京朗翔印刷有限公司
开　　本 / 787毫米×1092毫米　1/16
印　　张 / 9
字　　数 / 170千字
版　　次 / 2012年3月第1版　2016年6月第11次印刷
定　　价 / 25.00元

责任校对/周瑞红
责任印制/边心超